KOCHDUELL

Finger Food

KOCHDUELL

Finger Food – fix und fertig

von Wolfgang Kohlhepp

vgs

Die Abkürzungen in den Rezepten bedeuten:

EL = Esslöffel
TL = Teelöffel
Msp. = Messerspitze
Pr. = Prise
Bd. = Bund
Päck. = Päckchen
Stk. = Stück
TK = Tiefkühlprodukte

Dieses Buch erscheint zur Sendung KOCHDUELL, die montags bis samstags um 18.10 Uhr bei VOX ausgestrahlt wird.

Die Deutsche Bibliothek – CIP-Einheitsaufnahme
Kochduell / [VOX] – Köln: vgs
Finger Food: fix und fertig / Wolfgang Kohlhepp. –
Orig.-Ausg. – 2000
ISBN 3-8025-1417-3

Originalausgabe

Umschlag- und Foodfotos: Food-Foto-Köln/Jürgen Holz
Foodstyling: Wolfgang Kohlhepp
Szenenfotos: Katharina Hummel, Jürgen Bindrim
und Klaus Goergen für VOX
Umschlaggestaltung und Layout: Alexander Ziegler, Köln
Redaktion: Martina Weihe-Reckewitz
Lektorat: Alexandra Panz
Produktion: Annette Hillig
Satz: Achim Münster, Overath
Printed in Spain
ISBN 3-8025-1417-3

Besuchen Sie unsere Homepage im WWW: www.vgs.de
oder die Homepage vom Kochduell: www.vox.de

Inhalt

Vorwort

„Kochen ist Glückssache, und Glück hat man nicht jeden Tag“

... so lautet mein ganz persönliches Motto – und Glück ist beim KOCHDUELL auch oft dringend notwendig, wenn man aus dem Sammelsurium der Zutaten, das die Kandidaten mitbringen, in nur 20 Minuten etwas Leckeres kreieren will. Aufgrund dieser Herausforderung ist es zu meiner Spezialität geworden, aus den verschiedensten Zutaten kleine Köstlichkeiten zu zaubern: Finger Food ist meine Leidenschaft – delikate Snacks für zwischendurch mit Nascheffekt, schnell, einfach und abwechslungsreich. Ob aus Deutschland, Italien, Spanien, Mexiko, Japan oder China – die folgenden Rezepte sind verführerisch. Für den kleinen Imbiss oder das große Buffet.
Doch was ist eigentlich Finger Food? Es sind Speisen, die man – wie der Name schon sagt – mit den Fingern oder auch mit einer Gabel isst, sozusagen von der Hand in den Mund. Es ist ein typisches Kennzeichen unserer modernen Gesellschaft, in der selbst die Nahrungsaufnahme mobil geworden ist. Finger Food kann man überall mit hinnehmen, und es kann überall ohne Aufwand – mit den Fingern – verzehrt werden, ob zu kleinen privaten Feiern im Freundeskreis, zum Picknick mit der ganzen Familie oder zusammen mit Ihrem ganz besonderen Gast bei romantischer Musik, einem Glas Wein und Kerzenschein: Finger Food eignet sich bestens für jedes gesellige Zusammensein – unabhängig von Zeit und Ort.
Außerdem hat Finger Food den Vorteil, dass es sich sehr gut schon Stunden oder sogar am vorherigen Tag vorbereiten lässt und dann nur noch in den Backofen geschoben oder kalt serviert wird. Sie können als vollendeter Gastgeber auftreten, der nicht in der Küche stehen muss, sondern das Essen gemeinsam mit seinen Gästen genießen kann.
„Wenn einer eine Reise tut, hat er viel zu erzählen.“ Die kleinen Zwischenmahlzeiten haben eine lange Tradition, und es gibt sie überall in der Welt. Diese große Vielfalt macht es fast unmöglich, neue Rezepte zu „erfinden“; Sie stoßen deshalb auf eine Reihe von klassischen Finger-Food-Rezepten, die ich auf meine Weise leicht abgeändert habe. Finger Food ist einfach ein Oberbegriff für die spanischen Tapas, die asiatischen Kostbarkeiten, die italienischen Antipasti, die Leckereien aus Mitteleuropa und

viele andere Mini-Mahlzeiten, die man rund um den Erdball kennt. Deshalb möchte ich Sie mit diesem Kochbuch zu einer kulinarischen Weltreise einladen. Wie Sie allerdings merken werden, liegen meine persönlichen Vorlieben vor allem im asiatischen und europäischen Raum. Es geht meiner Meinung nach nichts über sonnengereifte Tomaten, leckere Zucchinigerichte, knusprige Frühlingsrollen oder frittierte Garnelen- oder Geflügelbällchen.

Doch natürlich besitzt jede Region ihre eigenen Spezialitäten, und so habe ich die Rezepte in diesem Buch in eine kleine Entdeckungsreise rund um den Erdball verwandelt: Sie finden Vielfältiges aus Europa und Geheimnisse aus dem Orient, Exotisches aus Asien, Leckereien aus Mittel- und Südamerika ebenso wie Entdeckungen aus dem Land der unbegrenzten Möglichkeiten sowie Sinnliches aus der Karibik.

Neben dem Genuss spielt natürlich auch immer der Zeitfaktor eine wichtige Rolle: KOCHDUELL ist die schnellste Kochshow der Welt. An dieses Konzept halten sich viele meiner Rezepte. Allerdings ist Kochen auch eine sinnliche Erfahrung, die durch übertriebene Hektik an Genuss verliert. Deshalb finden Sie in meinem Buch so manches Rezept, dessen Zubereitung etwas mehr Zeit in Anspruch nimmt. Auch verwende ich gerne die ein oder andere Zutat, die vielleicht nicht in jedem Haushalt vorhanden ist. Doch gerade sie sind es, die auch im KOCHDUELL der Clou sind. Denn hier geht es ja vor allem darum, scheinbar nicht zueinander passende Lebensmittel in kurzer Zeit in ein köstliches Gericht zu verwandeln – der Fantasie und Kreativität sind keine Grenzen gesetzt. Das möchte ich mit meinem Buch auch bei Ihnen anregen: Zwar können Sie natürlich jedes Rezept so übernehmen, wie ich es vorschlage, aber geben Sie immer Ihrem persönlichen Geschmack nach, wandeln Sie die Rezepte ab und lassen Sie Ihre eigenen Ideen und Vorlieben mit einfließen.

Viel Spaß beim Nachkochen und gutes Gelingen wünscht Ihnen der Koch, der nichts anbrennen lässt.

Ihr

Vielfältiges aus Europa

Dass Finger Food in Europa eine lange Tradition hat und zur Lebensart seiner Bewohner gehört, beweisen die italienischen Antipasti genauso wie die spanischen Tapas, die leckeren Kleinigkeiten aus Griechenland – und nicht zuletzt auch die holländischen Frittjes. Und obwohl Europa immer mehr zusammenwächst, behält doch jedes Land seine eigenen kleinen Spezialitäten, von denen ich Ihnen eine pfiffige Auswahl zusammengestellt habe.

Oliven-Kräuter-Brötchen

(Für 24 Brötchen)

600 g Mehl
½ Würfel Hefe
1 Pr. Zucker
200 ml lauwarme Milch
2 Zwiebeln
5 EL Olivenöl
4 Tomaten
Salz, Pfeffer
1 TL Oregano
1 TL Thymian
2 Eier
100 g schwarze Oliven

KOCHDUELL

Das Mehl in eine Schüssel sieben und in die Mitte eine Mulde drücken. Die Hefe dort hineinbröckeln, Zucker und Milch dazugeben und verrühren. Zugedeckt 15 Minuten gehen lassen. Inzwischen die Zwiebeln schälen, fein hacken und in 1 EL Olivenöl weich dünsten. Die Tomaten überbrühen, häuten, entkernen und in kleine Würfel schneiden. Zu den Zwiebeln geben und 2 Minuten mitdünsten. Mit Salz, Pfeffer, Oregano und Thymian würzen. Abkühlen lassen.
1 TL Salz, Eier und das restliche Olivenöl zu dem Teig geben. Gründlich verkneten und weitere 20 Minuten zugedeckt gehen lassen. Die Oliven entsteinen und grob hacken. Zusammen mit der Tomaten-Zwiebel-Mischung unter den Teig mischen.
Den Backofen auf 200 °C vorheizen. Ein Blech mit Backpapier auslegen. Aus dem Teig 24 gleichgroße Brötchen formen und auf das Blech setzen. Im Backofen auf der mittleren Schiene 25 Minuten backen. Vor dem Servieren auskühlen lassen.

Zubereitungszeit:
ca. 45 Minuten

Blätterteigtäschchen mit Schafskäse und Pfirsich

(Für 5 Personen bzw. 10 Taschen)

300 g (10 Platten) Blätterteig (TK)
100 g milder Schafskäse
1–2 Stiele Zitronenthymian
2 Pfirsiche
weißer Pfeffer aus der Mühle
1 Eigelb
2 EL Milch

Blätterteigscheiben auf bemehlter Fläche nebeneinander auslegen, auftauen lassen. Schafskäse in dünne Scheiben schneiden. Thymian von den Stielen zupfen. Pfirsiche kreuzweise einritzen, mit kochendem Wasser überbrühen und häuten.
Früchte halbieren, entsteinen und in schmale Spalten schneiden. Die Pfirsichspalten, Käse und Thymian vorsichtig mischen und mit Pfeffer würzen. Eigelb und Milch verquirlen. Blätterteig ausrollen und in 10 cm große Quadrate schneiden. Teigränder mit etwas von der Eigelb-Milch-Mischung bestreichen, Käse-Pfirsich-Mischung darauf verteilen, Teig zu Dreiecken zusammenklappen, Ränder mit einer Gabel fest andrücken.
Dreiecke mit der restlichen Eigelb-Milch-Mischung bestreichen. Im vorgeheizten Backofen bei 200 °C in 15–18 Minuten goldbraun backen.

Zubereitungszeit: 30 Minuten

Tipp: Die Taschen schmecken auch sehr gut als Vorspeise mit Salat, z. B. Rucola. Dazu den Salat verlesen, waschen, trockenschütteln, mundgerecht zerteilen und auf Tellern anrichten. 1 EL Zitronensaft, Salz, Pfeffer und 1 EL Walnussöl zur Vinaigrette verrühren. ½ Bd. Schnittlauch schneiden, zum Dressing geben und über den Salat träufeln. Mit den heißen Teigtäschchen anrichten, sofort servieren.

Wilde Reispuffer mit Apfel-Meerrettich-Dip

(Für 2 Personen bzw. 8 Puffer)

Für die Puffer:
200 g Wildreismischung
1 Ei
Jodsalz
schwarzer Pfeffer aus der Mühle
Sonnenblumenöl

Für den Dip:
1 Apfel
4 EL Zitronensaft
1 Bd. Dill
2 cm frischer Meerrettich
200 g fettarme Dickmilch
Salz, Pfeffer

Tipp: Sie können auch geriebenen Meerrettich aus dem Glas anstelle des frischen nehmen.

Reis mit kaltem Wasser abspülen und in Salzwasser nach Packungsanleitung garen. Abschrecken, abtropfen lassen und in einer Schüssel etwas abkühlen lassen. Ei unter den Reis rühren, kräftig salzen und pfeffern. 1 TL Öl in einer beschichteten Pfanne erhitzen, nach und nach 12 kleine Puffer knusprig braten. Bei Bedarf Öl zugeben.

Apfel schälen, entkernen, Fruchtfleisch würfeln und sofort mit 2 EL Zitronensaft beträufeln. Dill abbrausen, eine Handvoll zum Garnieren beiseite legen und den Rest fein hacken. Meerrettich schälen, fein reiben und mit der Dickmilch glatt rühren. Mit dem restlichen Zitronensaft, Salz und Pfeffer abschmecken. Apfel und Dill unterrühren. Reispuffer und Dip auf Tellern anrichten, mit Dillzweigen garnieren.

Zubereitungszeit: ca. 35 Minuten

Zucchinibällchen mit Kruste

(Für 12 Bällchen)

800 g Zucchini
1 große Zwiebel
2 Knoblauchzehen
1 EL Olivenöl
Salz, Pfeffer
1 Pr. Muskatnuss
1 Bd. Petersilie
2 Eier
150 g Semmelbrösel
50 g Parmesan, gerieben
½ TL Chilipulver
2 Eier
Butterschmalz oder Pflanzenfett

Zucchini putzen, waschen und grob raspeln. Zwiebel und Knoblauch schälen, fein hacken und in 1 EL Olivenöl andünsten. Zucchiniraspel dazugeben, alles 5 Minuten dünsten und auf einem Sieb abtropfen lassen. Mit Salz, Pfeffer und Muskatnuss würzen, in eine Schüssel füllen und etwas abkühlen lassen.
Die Petersilie waschen, abzupfen, fein hacken und zusammen mit 1 Ei, 50 g Semmelbrösel und dem Parmesan untermischen. Das zweite Ei in einem Teller verquirlen.
Die restlichen Semmelbrösel auf einen Teller häufen und das Chilipulver untermischen.
Die Zucchinimasse sehr gut ausdrücken und 12 Kugeln formen. Erst in dem Ei, dann in den Semmelbröseln wenden.
In heißem Butterschmalz oder Pflanzenfett in 6 Minuten goldbraun ausbacken.

Zubereitungszeit:
ca. 25 Minuten

Tipp:
Dazu Kräuterquark servieren.

KOCHDUELL

Käsestangen

(Für 36 Käsestangen)

300 g (10 Platten)
Blätterteig (TK)
1 Eiweiß
50 g Parmesan, gerieben
1 TL Rosenpaprika
1 Eigelb
1 EL Mohn
1 EL Sesam

Blätterteig auftauen. Eiweiß verquirlen und die Hälfte der Teigplatten damit bestreichen. Parmesan und Rosenpaprika mischen und die Teigplatten damit bestreuen, nochmals mit Eiweiß bestreichen und jeweils eine zweite Teigplatte auflegen und festdrücken. Oberfläche der Doppelplatten mit einem verquirlten Eigelb bestreichen. Einen Teil der Teigpakete mit Mohn, die restlichen mit Sesam bestreuen. Teigplatten in 1 cm breite Streifen schneiden und spiralförmig aufrollen.
Dann auf ein Backblech mit Backpapier legen und im Backofen bei 200 °C ca. 12 – 15 Minuten backen.

Zubereitungszeit: ca. 20 Minuten

Käsebällchen

KOCHDUELL

(Für 16 Bällchen)

100 g Walnüsse
400 g Frischkäse
Saft von ½ Limette
Salz, Pfeffer
1 Msp. Cayennepfeffer
evtl. Sesam, Schnittlauch

Die Walnüsse grob hacken. Den Frischkäse mit zwei Drittel der Nüsse und dem Limettensaft mischen, mit Salz, Pfeffer und Cayennepfeffer kräftig würzen. Aus der Masse 16 Bällchen formen und in den übrigen Nüssen oder wahlweise in Sesam oder Schnittlauch wälzen. Kalt stellen.

Zubereitungszeit: ca. 10 Minuten

Tipp: Besonders feurig schmecken diese Käsebällchen, wenn Sie sie zusätzlich mit etwas Tabasco würzen.

(Für 6 Stücke)

Für die Quiche:
250 g Weizenvollkornmehl
4 Eier
125 g Butter
geriebene Muskatnuss
Kräutersalz, Pfeffer, Salz
600 g Zucchini

Zucchinikuchen auf Tomaten-Salbei-Sauce

Weizenmehl mit Eiern, Butter, Muskatnuss, Kräutersalz, Pfeffer und Salz zu einem festen Teig verkneten.
Die Quicheform mit zerlassener Butter auspinseln und den Teig in der Form auseinanderdrücken und am Rand hochziehen. Zur Seite stellen.
Zucchini in Scheiben schneiden und spiralförmig auf den Teig legen. Im vorgeheizten Ofen 15 Minuten bei 180 °C backen.

Für den Guss:
3 Eier
150 ml Sahne
1 Knoblauchzehe
3 TL Parmesan
geriebene Muskatnuss
Kräutersalz, Pfeffer, Salz

In einer Schüssel Eier, Sahne, gehackten Knoblauch, Parmesan, Muskatnuss, Kräutersalz, Pfeffer und Salz verquirlen.
Form aus dem Ofen nehmen und Eiersahne über die Zucchini löffeln. Den Kuchen in weiteren 30 Minuten fertig backen.

Für die Tomaten-Salbei-Sauce:
500 g Tomaten
2 kl. Zwiebeln
3 Knoblauchzehen
50 g Butter
1 EL Tomatenmark
1 Lorbeerblatt
½ TL getr. Thymian
5–6 Salbeiblätter
¼ l Gemüsebrühe
Kräutersalz, Pfeffer, Salz
1 EL Aceto-Balsamico-Essig
1 kl. Bd. Salbei und Thymian

Tomaten würfeln, Zwiebeln und Knoblauchzehen fein hacken.
In einem mittelgroßen Topf 50 g Butter zerlassen, Zwiebeln und Knoblauch 2–3 Minuten anschwitzen, Tomaten einrühren und 5 Minuten dünsten. Anschließend Tomatenmark, Lorbeerblatt, Thymian und Salbeiblätter zugeben. Nach 5 Minuten die Gemüsebrühe zugießen und 10 Minuten köcheln lassen.
Lorbeerblatt rausfischen und die Masse im Mixer oder mit einem Pürierstab glatt pürieren. Mit Kräutersalz, Pfeffer, Salz und Balsamico-Essig würzen. Zucchinikuchen aus der Form nehmen. In 6 Stücke teilen und auf einen Teller setzen, mit Tomatensauce umgießen und mit Salbei-Thymian-Sträußchen garnieren.

Zubereitungszeit:
ca. 60 Minuten

Geröstete Tomatenbrote

*(Für 2 Personen bzw.
4 Scheiben)*

*4 reife aromatische Tomaten
schwarzer Pfeffer aus der
Mühle, Salz
2 Knoblauchzehen
1 Zweig frischer Oregano
2 EL Olivenöl
4 Scheiben Bauernbrot*

**Zubereitungszeit:
ca. 15 Minuten**

Die Tomaten häuten und halbieren. Die Kerne mit einem Löffel entfernen, das Fruchtfleisch mit einem großen Messer fein hacken und in eine Schüssel geben, mit Salz und Pfeffer leicht würzen.
Die Knoblauchzehen durch die Presse dazudrücken.
Die Oreganoblättchen abzupfen, fein hacken und untermischen.
Das Olivenöl einrühren.
Die Brotscheiben halbieren, im Toaster oder im Backofen knusprig rösten. Mit der Tomatenmischung bestreichen, nochmals pfeffern und heiß servieren.

Als BLANCHIEREN bezeichnet man das kurzzeitige Eintauchen bzw. Garen in sprudelnd kochendem Wasser – ideal für Gemüse, das bissfest sein soll.

Wirsingbeutelchen auf buntem Salat

(für 4 Beutelchen)

1 l Wasser
1 TL Salz
2 EL Weißweinessig
4 große Wirsing-, Mangold- oder Weißkohlblätter
2 Möhren
2 Stangen Bleichsellerie
2 mittelgroße Fleischtomaten
2–3 Frühlingszwiebeln
3 EL Weißweinessig
Salz, Pfeffer
1 TL Dijonsenf
3 EL kaltgepresstes Olivenöl
1 TL Kapern
2 Pfeffercornichons

In einem großen Topf Wasser mit Salz und Essig aufsetzen. Von den Wirsingblättern die dicken Rippen flach abschneiden. Im kochenden Wasser 6 Minuten blanchieren, herausheben, abschrecken und abtropfen lassen.
Die Möhren in streichholzdicke Streifen, Selleriestangen in dünne Scheiben schneiden. Beide Fleischtomaten im Wirsingkochwasser 10 Sekunden überbrühen, häuten, halbieren und entkernen.
Die Tomatenhälften in feine Streifen schneiden. Die hellen Teile der Frühlingszwiebeln in feine Ringe schneiden. Das Zwiebelgrün aufheben.
Weißweinessig mit Salz, Pfeffer und Dijonsenf verrühren. Mit dem Schneebesen Olivenöl cremig einquirlen. Kapern und Cornichons fein hacken und zur Sauce rühren. Möhren-, Sellerie- und Tomatenstücke mit Zwiebelringen und zwei Drittel der Sauce mischen.
Den Salat auf die Wirsingblätter verteilen. Mit Frühlingszwiebelgrün (eventuell ganz kurz blanchieren) zu Beutelchen zusammenbinden.
Auf Teller setzen und mit der restlichen Sauce beträufeln.

Zubereitungszeit:
ca. 60 Minuten

Tomatenrosen mit Kaviar gefüllt

(Für 4 Personen bzw. 12 Tomatenrosen)

12 Artischockenböden (Dose)
Salz, weißer Pfeffer
Saft von ½ Zitrone
2 EL Weißweinessig
1 Pr. getr. Basilikum
3 EL Erdnussöl
12 kl. reife Tomaten
75 g schwarzer, gelber und roter Kaviar, am besten echter Lachs- und Forellenkaviar
1 kl. Salat
1 Bd. Schnittlauch zum Garnieren

Artischockenböden auf einem Sieb gut abtropfen lassen. Etwas salzen, pfeffern und mit Zitronensaft beträufeln.
In einer Schüssel 2 EL Weißweinessig mit Salz, weißem Pfeffer und 1 Pr. fein zerriebenem, getrocknetem Basilikum verrühren, danach Erdnussöl mit dem Schneebesen einrühren.
Die reifen Tomaten mit einem scharfen Messer oder

Sporschäler, das ist ein spezielles Kartoffelschälmesser, etwa 2 mm dick wie einen Apfel schälen, ohne dabei das Messer abzusetzen. Jeden Schalenstreifen locker zu einer Blüte aufdrehen und auf einen Artischockenboden setzen. Mit etwas Salatsauce beträufeln. Die Blüten mit jeweils ½ TL schwarzem, gelbem und rotem Kaviar füllen und jeweils auf einem Salatblatt anrichten. Mit Schnittlauch garnieren.

Zubereitungszeit:
ca. 25 Minuten

KOCHDUELL

Pikante Zwiebel-Törtchen

(für 10 Törtchen)

300 g (10 Platten) Blätterteig (TK)
100 g durchwachsener Speck, gewürfelt
1 TL Butterschmalz
500 g Zwiebeln
1 kl. rote Paprikaschote
½ Bd. Schnittlauch
40 g geriebener Gouda
2 Eier
½ TL gemahlener Kümmel
Pfeffer, Rosenpaprika

Blätterteig auftauen lassen. 10 kleine Förmchen (ca. 12 cm Durchmesser) ausmehlieren. Blätterteigscheiben auseinander legen, dünn ausrollen und die Förmchen damit auslegen. Den Teig mit einer Gabel mehrmals einstechen.
Speck mit Butterschmalz in einer Pfanne erhitzen, 5 Minuten braten. Auf Küchenpapier abtropfen lassen und das Fett beiseite stellen. Zwiebeln abziehen und in feine Ringe schneiden. Paprika halbieren, entkernen und waschen. Zum Enthäuten einritzen und im Backofen bei Oberhitze ca. 10 Minuten bräunen. Mit einem Messer dünn abziehen und fein würfeln. Fett erneut erhitzen und Zwiebeln und Paprika darin 5 Minuten dünsten. Schnittlauch waschen und klein schneiden. Die Hälfte des Schnittlauchs mit der Paprika-Zwiebel-Mischung, Speck, Käse, Eiern und Kümmel vermengen und mit Pfeffer und Paprika würzen. Masse in die Förmchen füllen. Im vorgeheizten Ofen bei 200 °C 25 Minuten backen. Aus den Förmchen nehmen und 5 Minuten ruhen lassen. Mit Schnittlauch bestreuen.

Zubereitungszeit: ca. 25 Minuten

Lammfilet im Mantel

*(Für 4 Personen
bzw. 8 Toast)*

*3 Knoblauchzehen
Pfeffer
3 EL Pflanzenöl
350 g Lammrückenfilet
16 Scheiben Mehrkorntoast
Salz
16 Scheiben Bacon
Salat zum Garnieren*

Knoblauchzehen pressen und mit Pfeffer und Öl verrühren. Das Lammfilet mit der Gewürzmischung einreiben, abgedeckt bei Zimmertemperatur 1 Stunde marinieren. Danach in einer trocken erhitzten Pfanne ohne Fett 3 Minuten rundum scharf anbraten, in Alufolie wickeln und abkühlen lassen.

Aus 16 Scheiben Mehrkorntoast Kreise von etwa 7 cm Durchmesser ausstechen. Lammfilet in ca. ½ cm dicke Scheiben schneiden, auf 8 Toastscheiben je 1 Scheibe Lammfilet legen, leicht salzen und mit der zweiten Toastscheibe abdecken. Jedes Toastpäckchen über Kreuz mit je 2 Baconscheiben einhüllen und mit Holzzahnstocher feststecken.
Backblech dünn mit Öl bestreichen und die Toastpäckchen im vorgeheizten Ofen bei 220 °C 7 Minuten backen. Dann die Päckchen umdrehen und noch 7 – 10 Minuten backen, bis der Speck rundum knusprig und das Brot leicht gebräunt ist. Eventuell auf Küchenkrepp entfetten.

Warm oder kalt auf Salatblätter setzen, wahlweise Ketchup dazu reichen.

**Zubereitungszeit:
ca. 20 Minuten
(+ 1 Stunde marinieren)**

Jakobsmuscheln unter der Kartoffelhaube

(Für 8 Portionen)

Für den Dip:
1 große rote Paprikaschote
2 Schalotten
2 Knoblauchzehen
1 frische rote Chilischote
1 EL Olivenöl
Saft von 1 Orange
1 EL Sherry-Essig
2 EL Semmelbrösel
Salz, Pfeffer

Paprika halbieren, entkernen und mit eingeritzter Hautseite nach oben ca. 10 Minuten unter den Grill legen, bis die Haut braun wird. Herausnehmen, häuten und würfeln.
Die Schalotten und den Knoblauch schälen, die Chilischote entkernen. Alles fein hacken und im Olivenöl etwa 5 Minuten weich dünsten. Mit dem Orangensaft und dem Sherry-Essig ablöschen und um die Hälfte reduzieren. Den Pfanneninhalt mit den Semmelbröseln und den Paprikaschoten im Mixer pürieren. Den Dip mit Salz und Pfeffer würzen und kalt stellen.

750 g mehlig kochende Kartoffeln
50–60 g Mehl
1 Ei
Salz, Pfeffer
1 Pr. Muskatnuss, frisch gerieben
6 EL Olivenöl
8 Jakobsmuscheln

Kartoffeln knapp mit Wasser bedeckt 30 Minuten garen, abgießen, pellen, heiß durch die Kartoffelpresse in eine Schüssel drücken oder mit dem Kartoffelstampfer stampfen und etwas abkühlen lassen.
Mit dem Mehl und dem Ei zu einem geschmeidigen Teig verarbeiten, mit Salz, Pfeffer und Muskat würzen. Falls der Teig zu weich ist, noch etwas Mehl einarbeiten.
Den Teig zu 8 kleinen Küchlein formen. In 3 EL Olivenöl beidseitig ca. 8 Minuten braten und warm stellen. Jakobsmuscheln im restlichen Olivenöl kurz, etwa 2 Minuten von jeder Seite, braten, mit Salz und Pfeffer würzen.
Die Jakobsmuscheln mit dem Kartoffelküchlein belegen und mit Holzspießchen zusammenstecken. Mit dem Paprikadip servieren.

Zubereitungszeit:
ca. 30 Minuten

Sturmsäcke mit Quittenfüllung

(Für 25 Windbeutel)

Für die Füllung:
500 g Quitten
⅛ l Rotweinessig
½ l Wasser
125 g Zucker
1 kl. Ingwerknolle
200 g Frischkäse

Die Quitten kräftig waschen, Kerngehäuse herausschneiden und würfeln. Das Obst zusammen mit Essig, Wasser, Zucker und zerkleinertem Ingwer 30–40 Minuten kochen lassen. Durch ein Sieb passieren und abkühlen lassen. Mit dem Frischkäse vermengen und bereitstellen.

Für den Teig:
⅛ l Wasser
50 g Butter
1 Pr. Salz
100 g Weizenmehl
3 Eier

Wasser und Butter in einem Topf zum Kochen bringen und von der Kochstelle nehmen. Salz und Mehl in die Flüssigkeit geben, zu einem festen Teig verrühren und auf der Kochstelle abbrennen, d. h. einen festen Brandteig herstellen, bis sich auf dem Topfboden eine dünne Teigschicht absetzt. 1 Ei sofort unter den Teig ziehen und das Ganze abkühlen lassen, bevor die restlichen Eier dazugegeben werden.

Auf ein bemehltes Backblech mit einem Spritzbeutel kleine Tupfen spritzen und bei 250 °C ca. 15–20 Minuten backen. Die Windbeutel abkühlen lassen, aufschneiden und mit Quittenmus füllen.
Auf Tellern anrichten, eventuell mit Puderzucker bestäuben und servieren.

Zubereitungszeit:
ca. 60 Minuten

Ausgebackene Pflaumen

(Für 21 Pflaumen)

21 große Backpflaumen
50 g Frischkäse
125 g Mehl
20 g Zucker
1 Päck. Vanillezucker
1 Ei
⅛ l Milch
Butterschmalz zum Ausbacken
1 EL Puderzucker
evtl. Beerensauce

Die Pflaumen aufschneiden – nicht ganz – und in jede Pflaume 1 TL Frischkäse geben und zusammendrücken.
Aus Mehl, Zucker, Vanillezucker, Ei und Milch einen Teig rühren. Die Pflaumen mehlieren, durch den Teig ziehen und in heißem Fett ausbacken. Mit Puderzucker bestreuen und eventuell mit einer Beerensauce servieren.

Zubereitungszeit:
ca. 35 Minuten

Griechisches Hefegebäck

(Für 8 Personen bzw. 24–36 Teilchen)

25 g Hefe
250 ml Milch
500 g Mehl
75 g Zucker
1 Ei
50 g Butter
Mark von 1 Vanilleschote
abgeriebene Schale von 1 Zitrone
1 Pr. Salz
½ l Pflanzenöl
Zimt, Zucker
Honig
1 Karambole (Sternfrucht)

Hefe in lauwarmer Milch auflösen, Mehl, Zucker und Ei dazugeben und vermischen. Die Butter, das Vanillemark, die abgeriebene Zitronenschale und 1 Pr. Salz zufügen und zu einem leichten Hefeteig verarbeiten. 20 Minuten an einem warmen Platz gehen lassen, bis der Teig Blasen schlägt. Mit zwei Esslöffeln (zwischendurch immer in heißes Wasser tauchen!) kleine Bällchen formen und in heißem Öl goldbraun ausbacken. Auf Küchenkrepp abtropfen lassen, in einer Zucker-Zimt-Mischung wälzen und auf mit Honig überzogenen Sternfrucht-Scheiben anrichten.

Zubereitungszeit: ca. 45 Minuten

Die Geheimnisse des Orients

Das Morgenland hat einiges zu bieten: mystische Musik, fremdartige Malerei, geheimnisvolle Tänze, ... exotisches Essen? Na klar! Dabei nehmen Früchte wie Datteln oder Auberginen eine so dominierende Stellung ein, wie es bei uns nur das Fleisch vermag. Doch vor allem die interessanten Gewürzmischungen lassen die orientalische Küche zu einem unvergesslichen Erlebnis für unsere Sinne werden.

(Für 4 Personen)

Tipp: Dazu schmeckt Fladenbrot besonders gut.

Gebratene Auberginenscheiben mit Quark

Für die Auberginen:
1 kg Auberginen
3 TL Salz
3–4 EL Pflanzenöl zum Braten
Mehl

Für die Sauce:
1 Zwiebel
2 EL Pflanzenöl
1 EL Tomatenmark
400 ml Wasser
1 TL gemahlener Koriander
½ TL Cayennepfeffer
Salz
200 g Tomaten
2–3 Knoblauchzehen
250 g Magerquark
Salz
2–3 EL Milch

Auberginen waschen, in 1 cm dicke Scheiben schneiden und mit einer Gabel mehrfach einstechen. Mit Salz bestreuen und etwa 1 Stunde durchziehen lassen, bis Wasser austritt, dann die Auberginen trockentupfen. Öl erhitzen, Auberginen mehlieren und in der Pfanne von beiden Seiten in ca. 5 Minuten goldbraun braten.

Zwiebel schälen und in feine Würfel schneiden. Öl erhitzen und Zwiebel glasig dünsten. Tomatenmark zugeben und mit anschwitzen lassen. Wasser angießen, aufkochen, die Sauce mit Koriander, Cayennepfeffer und Salz abschmecken und einkochen lassen. Die Hälfte der Sauce aus der Pfanne gießen und beiseite stellen. Auberginen in der Pfanne schichten. Tomaten waschen, in Scheiben schneiden und auf die Auberginen legen. Restliche Sauce darübergießen und das Gemüse 8–10 Minuten dünsten. Knoblauchzehen schälen und auspressen, mit Quark, Salz und Milch verrühren. Zwei Drittel des Quarks auf einer Platte verstreichen. Gemüse darauf anrichten, mit dem restlichen Quark garnieren und sofort servieren.

Zubereitungszeit: ca. 60 Minuten

(Für 6 Personen
bzw. 24 Taschen)

250 g Mehl
1 TL Salz
1 Ei
50 ml lauwarmes Wasser
400 g Lauch
1 EL Pflanzenöl
Cayennepfeffer
1 Eiweiß
1 TL Pflanzenöl
1–2 Knoblauchzehen
250 g Magerquark
Salz
4 EL Milch
1 EL fein gehackte Minze
Pfeffer

Eine Tasche voller Lauch

Mehl mit Salz, Ei und Wasser zu einem glatten Teig verkneten und 30 Minuten kühl stellen. Lauch putzen, waschen und in sehr feine Würfel schneiden. Lauch 2 Minuten blanchieren, abtropfen lassen und Öl sowie Cayennepfeffer unterrühren. Teig in 4 gleich große Portionen teilen und ausrollen. Aus jeder Teigportion etwa 6 Kreise von ca. 9 cm Durchmesser ausstechen und an den Rändern mit Eiweiß bestreichen. Lauch in die Mitte der Kreise verteilen. Teigkreise jeweils von einer Seite über den Lauch klappen, so dass Halbkreise entstehen, und an den Rändern festdrücken. 1 TL Öl in Salzwasser geben und aufkochen, Lauchtaschen hineingeben und 8–10 Minuten garziehen lassen. Nicht mehr kochen!
Gepresste Knoblauchzehen mit Quark, Salz und Milch verrühren. Die Hälfte des Quarks auf einer Platte verstreichen. Lauchtaschen abtropfen lassen und auf dem Quark anrichten. Mit Minze und Pfeffer bestreuen und restlichen Quark dazu servieren.

Zubereitungszeit: ca. 60 Minuten

KOCHDUELL

(Für 4 Personen bzw. 16 Bällchen)

Für den Kräuterjoghurt:

500 g Vollmilchjoghurt
Salz, weißer Pfeffer
½ TL gemahlener Kreuzkümmel
Saft von 1 Zitrone
1 Bd. gehackte Kräuter nach Wahl oder 4 Päck. 8-Kräuter (TK)

Joghurt mit Gewürzen und Zitronensaft cremig rühren. Kräuter unterrühren und Kräuterjoghurt kalt stellen.

Gebackene Kartoffelbällchen mit Kräuterjoghurt

Für die Kartoffelbällchen:

600 g mehlig kochende Kartoffeln
40 g Sellerieknolle
20 g Ingwer
1 kl. Zucchini
1 Stk. Frühlingszwiebel
1 entkernte rote Chilischote
1 EL Korianderblättchen
1 EL Sesamöl
1 TL Kurkuma
1 Msp. gemahlener Kardamom
1 Msp. geriebene Muskatnuss
Salz, Pfeffer
80 g Maisstärke
3 Eigelb
2 Eier
100 g Sesam
½ l Maiskeimöl

Kartoffeln waschen und im Salzwasser 20 Minuten kochen. Wasser abgießen, Kartoffeln pellen und durch die Kartoffelpresse drücken oder mit dem Kartoffelstampfer stampfen. Sellerieknolle, Ingwer, Zucchini und Frühlingszwiebel waschen, putzen und fein hacken. Chilischote und Koriander ebenfalls fein hacken. Sesamöl erhitzen, zerkleinertes Gemüse, Chili und Koriander 4 Minuten darin braten, die Gewürze unterrühren und alles abkühlen lassen. Die Hälfte der Maisstärke mit den Kartoffeln, Eigelb und Gemüse verkneten. Die Hände mit etwas Maisstärke bestäuben und aus der Kartoffel-Gemüse-Masse walnussgroße Bällchen formen.

Eier verquirlen und die Kartoffelbällchen zuerst in der restlichen Maisstärke, dann in den Eiern und zum Schluß im Sesam wenden. Öl im Topf oder in einer Fritteuse auf 180 °C erhitzen, Bällchen darin 4 – 5 Minuten frittieren, dabei zwischendurch wenden. Die heißen Kartoffelbällchen mit kühlem Kräuterjoghurt servieren.

Zubereitungszeit: ca. 60 Minuten

(Für 3 Personen
bzw. 18 Datteln)

1 Chilischote
1 Tomate
1 Zwiebel
1 TL Olivenöl
2 cl Sherry-Essig
2 EL Tomatenmark
Jodsalz, weißer Pfeffer aus der Mühle
1 Knoblauchzehe
250 ml Wasser
4 dünne Scheiben magerer geräucherter Speck
18 frische Datteln
18 Holzspießchen
2 TL Sonnenblumenöl

Scharfe Dattel im Mantel

Chilischote entkernen, in einer Pfanne ohne Fett kurz rösten, dann hacken. Tomate schälen und halbieren, Stielansatz und Kerne entfernen, würfeln. Zwiebel schälen, fein würfeln. 1 TL Öl in einer beschichteten Pfanne erhitzen, Zwiebel-, Tomaten- und Chiliwürfel dazugeben, ca. 1 Minute dünsten. Mit Sherry-Essig ablöschen, Tomatenmark unterrühren, salzen und pfeffern.
Knoblauch pressen und zur Sauce geben, mit Wasser auffüllen und leicht einköcheln lassen, bis sich die Sauce auf die Hälfte reduziert hat.
Speckstreifen ohne Schwarte quer halbieren. Datteln mit einem spitzen Messer längs aufschneiden, Kern auslösen. Je ein Stück Speck um eine Dattel wickeln und mit einem Holzspieß feststecken. In heißem Öl rundum knusprig braten. Sauce pürieren, nochmals abschmecken und als Dip servieren.

Zubereitungszeit: ca. 20 Minuten

Sumach-Gewürz ist eine Gewürzmischung aus der Türkei oder dem Iran und in türkischen Läden erhältlich. Es wird aus der roten Steinfrucht des Gerberbaumes gewonnen und grob gemahlen. Sumach hat ein säuerliches Aroma.

Pide mit Hackfleisch

(Für 6 Personen)

Für die Füllung:
300 g Rinderhackfleisch, fein durchgedreht
100 g Zwiebeln, gewürfelt
150 g Tomatenwürfel
10 g scharfe rote Paprikawürfel
20 g Tomatenmark
15 g Salz
gehackte Petersilie

Die Zutaten für die Füllung vermischen und die Masse kräftig abschmecken.

Für den Teig:
400 g Mehl
20 g Hefe
200 ml Wasser
20 g Salz
2 Eigelb zum Bestreichen
rote Zwiebelringe, Chili
Sumach-Gewürz
Olivenöl
Zitronensaft

Das Mehl kranzförmig auf die Arbeitsplatte schütten, die in etwas lauwarmem Wasser eingeweichte Hefe, das restliche Wasser und 1 Pr. Salz in die Mitte geben und alles kräftig verkneten. Der fertige Teig darf nur noch wenig an den Fingern kleben und muß eine glatte Fläche haben. Bei Zimmertemperatur ungefähr 20 Minuten gehen lassen. Den Teig in 6 tennisballgroße Portionen teilen und in länglicher Form ausrollen. Die Füllung jeweils in die Mitte geben und so verteilen, dass ein etwa 2 cm breiter Rand bleibt. Diesen Rand so umlegen, dass eine Schiffsform entsteht, und etwas andrücken, damit sich der Teig beim Backen nicht öffnet. Die Ränder mit Eigelb einstreichen und die Schiffchen bei 250 °C 15–20 Minuten backen. Mit roten Zwiebelringen, dünn geschnittenen Chilischoten garnieren und Sumach-Gewürz, Olivenöl und Zitronensaft darüber träufeln.

Zubereitungszeit:
ca. 45 Minuten

(Für 4 Personen bzw. 20 Datteln)

100 g Marzipanrohmasse
100 g Puderzucker
35 g gemahlene Pistazien
2 cl Brandy de Jerez
20 Datteln
100 g Halbbitterschokolade
50 g Kokosraspeln

Gefüllte Datteln

Marzipanrohmasse mit Puderzucker, gemahlenen Pistazien und Brandy verkneten und zu einer Rolle formen. Geschälte frische Datteln vom Stein befreien und mit oval geformten Marzipan-Stückchen füllen. Schokolade schmelzen und die Datteln zur Hälfte in diese Kuvertüre tauchen, die restlichen mit Kokosraspeln bestreuen.

Zubereitungszeit: ca. 15 Minuten

Exotisches aus Asien

In Asien hat das Finger Food eine lange Tradition. Anstelle von Currywurst und Fritten gibt es dort eine ganz andere „Fast-Food-Kultur“ – bestehend aus leckeren Sushis, köstlichen Frühlingsrollen und anderen Snacks aus Meerestieren und Gemüse.

Ich mag die asiatische Küche vor allem wegen ihres unvergleichlichen Geschmacks und der exotischen Zutaten, mit denen man auch einfachen Gerichten auf wunderbare Weise einen unverwechselbaren Geschmack geben kann.

Um die folgenden Rezepte zu verwirklichen, sollten Sie einige Zutaten als Grundausstattung bereithalten:

Ingwer

Der frische Ingwer, so wie wir ihn kennen, sieht zwar aus wie eine Wurzel, doch botanisch gesehen handelt es sich um ein Rhizom. Als Rhizom bezeichnet man unterirdische Sprossachsen, die im Boden vorwiegend horizontal wachsen. Sie bilden junge Triebe für die Vermehrung und feine Wurzeln zur Verankerung.
Achten Sie beim Kauf darauf, dass die Knolle noch prall aussieht und möglichst viele Seitensprosse besitzt. Am besten bewahren Sie frischen Ingwer in einer Plastiktüte im Kühlschrank auf; er hält sich dann 2 Wochen. Sie sollten ihn immer nur fein schälen, da die meisten Wirkstoffe direkt unter der Schale liegen.
Obwohl Ingwer keineswegs geschmacksneutral ist, kann er hervorragend in alle möglichen Gerichte integriert werden und peppt alle Speisen durch seinen irgendwie „anderen" Geschmack auf.

Kurkuma oder Gelbwurz

Dieses Gewürz ist die getrocknete und zu Pulver gemahlene stark duftende Wurzel einer Pflanze aus der Familie der Ingwergewächse. Es ist wegen seiner gelben Farbe sehr geschätzt und in vielen Currypulvern enthalten.

Besonders häufig wird in der asiatischen Küche frittiert

Das geht sehr einfach in der Fritteuse, aber genauso gut können Sie Wan-Tans oder Frühlingsrollen in einem großen Topf, der mit etwa einem ½ l Pflanzenfett gefüllt ist, auf dem Herd frittieren. Dabei das Pflanzenfett – das kann ein Öl oder ein festes Fett sein – erhitzen, bis an dem Stiel eines Holzlöffels Blasen aufsteigen, dann die Speisen in das Öl geben und wie in den Rezepten beschrieben frittieren. Wenn Sie ein festes Pflanzenfett wählen, ist die Entsorgung relativ einfach, denn das Fett wird nach dem Erkalten wieder fest und kann dann einfach in den Hausmüll geworfen werden. Flüssiges Öl kann man eventuell an einer Tankstelle abgeben.

Sojasauce

Sojasauce wird aus fermentierten Sojabohnen, geröstetem Getreide – meist Weizen, sonst Gerste oder Reis – und Salz hergestellt. Sie hat eine dunkle Farbe und ein kräftiges, salziges Aroma. Sie wird in der asiatischen Küche vielfältig eingesetzt.

Reiswein

Sake ist ein durchsichtiger japanischer Likör aus fermentiertem Reis. Er sollte innerhalb eines Jahres nach der Herstellung oder nach dem Öffnen verbraucht werden, da er sonst sein Aroma verliert.

Reisweinessig

Dieser klare, hellgelbe, mild und süß schmeckende Essig entsteht aus fermentiertem Reis. Er kann eventuell durch verdünnten Apfelessig ersetzt werden.

Reispapierblätter

Diese papierdünnen Blätter bestehen aus Reismehl, Wasser und Salz. Sie sind frisch und gefroren erhältlich und sollten dann schonend, am besten im Kühlschrank, aufgetaut werden. Sie sollten vor Gebrauch mit Wasser eingepinselt werden, damit sie biegsam werden.

Alle diese Zutaten erhalten Sie in Asienshops oder in größeren Supermärkten.

(Für 2 Personen bzw. 8 Reisbällchen)

100 g Klebreis
1 reife Papaya
1–3 scharfe rote Chilischoten
1 kl. Zwiebel
2 EL Limettensaft
1 TL Kurkuma
Jodsalz
50 g Kokosraspeln
1 Bd. Koriandergrün
1 EL Mehl
100 g Pflanzenfett
Kapstachelbeeren

Scharfe Reisbällchen mit Chilidip und frittiertem Koriander

Reis waschen, mit Wasser 15 Minuten vorquellen lassen. Papaya schälen, halbieren und die Kerne entfernen, Fruchtfleisch fein würfeln. Chilischoten längs halbieren, entkernen und die Hälften sehr fein hacken. Zwiebel schälen und in kleine Würfel schneiden. Papaya, Chili, Zwiebel und Limettensaft in einem kleinen Topf bei mittlerer Hitze anschwitzen. 10 Minuten zugedeckt köcheln lassen. Vom Herd nehmen und kurz mit dem Pürierstab zerkleinern, dabei nicht zu cremig pürieren. Mit Kurkuma und Salz abschmecken und ziehen lassen. Reis in 200 ml Wasser 15–18 Minuten garen und abschütten. Kokosraspeln dazugeben und abkühlen lassen. Mit feuchten Händen kleine Kugeln von ca. 2 cm Durchmesser abdrehen. Koriander in etwas Mehl wälzen und im Pflanzenfett ausbacken. Die Bällchen mit Kapstachelbeeren garnieren und mit frittiertem Koriander und Dip servieren.

Zubereitungszeit: ca. 35 Minuten

Kapstachelbeeren oder Ananaskirschen sind die Beerenfrüchte einer einjährigen Lampionblume, die in Südamerika und im südlichen Afrika wächst. Sie haben einen feinen süßen Geschmack und werden roh gegessen. Die oftmals als „Physalis“ bezeichneten Früchte kommen ganzjährig auf den Markt, wobei jede Beere einzeln in einer bastfarbenen Tüte steckt.

KOCHDUELL

Sushi mit marinierten Shrimps

(Für 4 Personen
bzw. 16 Sushi)

250 g Rundkornreis
600 ml Wasser
½ l Reiswein
3 EL Reisweinessig
2 EL Reiswein
2 TL Zucker
1 TL Salz
3 EL Weinessig
2 EL süßer Reiswein
50 g Zucker
16 küchenfertige, gekochte Shrimps
16 mittelgroße Spinatblätter

Zubereitungszeit: ca. 60 Minuten

Rundkornreis unter fließendem kalten Wasser so lange abspülen, bis das Wasser klar bleibt. Wasser mit dem ½ l Reiswein aufkochen, Reis hineingeben und 18 Minuten kochen. Reis abgießen und Reisweinessig, 2 EL Reiswein, Zucker und Salz unterrühren und mit dem Reis abkühlen lassen. Weinessig, süßen Reiswein und Zucker zu einer Marinade verrühren und die Shrimps damit begießen, 10 Minuten durchziehen lassen. Spinatblätter waschen, 2 Minuten blanchieren und in Eiswasser abschrecken. Spinatblätter auseinanderlegen und trockentupfen. Reis auf den Spinatblättern verteilen. An die Spitze jedes Blattes einen marinierten Shrimp legen. Spinatblätter fest aufrollen und Sushi auf einer Platte anrichten.

(Für 16 Bällchen)

300 g rohe Garnelen
50 g getrocknete Reis-Vermicelli
1 Ei
185 ml Wasser
1 EL Fischsauce
125 g Weizenmehl
1/4 TL Bagung
3 Frühlingszwiebeln, in Ringe geschnitten
1 kl. rote Chilischote, fein gehackt
Öl zum Frittieren
süße Chilisauce

Frittierte Garnelenbällchen

Garnelen schälen, Darm entfernen und die Hälfte der Garnelen in der Küchenmaschine zerkleinern. Die übrigen hacken und mit der Garnelenmasse aus der Küchenmaschine gut mischen.
Vermicelli in eine Schüssel geben, mit heißem Wasser bedecken und eine Minute einweichen. Das Wasser abgießen und die Vermicelli in kurze Stücke schneiden.
Ei, Wasser und Fischsauce verquirlen. Mehl in eine Schüssel sieben, eine Vertiefung in die Mitte drücken und nach und nach die Eimischung zufügen, bis eine glatte Masse entsteht.
Garnelen, Bagung, Frühlingszwiebeln, Chili und Vermicelli hinzufügen und alles gründlich mischen.
Öl in einem großen Topf oder einem Wok erhitzen, die Mischung teelöffelweise in den Topf geben und 3 Minuten frittieren, bis die Bällchen knusprig und goldbraun sind. Auf Küchenpapier abtropfen lassen.
Mit süßer Chilisauce auf Löffeln servieren.

Zubereitungszeit:
ca. 25 Minuten

Reis-Vermicelli sind dünne durchsichtige Nudeln aus Reismehl.

Fischsauce ist eine dünne, klare, braune, salzige Sauce mit charakteristischem Geruch und scharfem Geschmack. Sie ist eine wichtige Zutat in der thailändischen und vietnamesischen Küche und wird aus Garnelen oder kleinen fermentierten Fischen hergestellt.

Bagung ist eine Paste aus Garnelen, die gesalzen und in Tontöpfen fermentiert werden. Sie wird insbesondere in der philippinischen Küche verwendet. Garnelenpasten werden vor dem Verzehr stets gegart. dabei verwandelt sich die etwas bitter schmeckende Paste in ein aromatisches Würzmittel.

Unter POCHIEREN versteht man in der Profi-Küche das Garziehen in heißer, nicht kochender Flüssigkeit.

Chinakohlbeutel mit Überraschung

(Für 4 Personen bzw. 12 Beutelchen)

500 g Seefischfilet
Salz
Saft von ½ Zitrone
250 g gekochter Reis
3 getr. Chilischoten
1 TL getr. Zitronengras
1 TL schwarze Pfefferkörner
1 TL Pimentkörner
12 kl. Chinakohlblätter
1 Lauchstange

Zubereitungszeit: ca. 75 Minuten

Fischfilet mit Salz und Zitronensaft würzen und ca. 10 Minuten pochieren, abtropfen lassen und pürieren. Den gekochten Reis mit dem Fischpüree mischen. Chilischoten, Zitronengras, Pfeffer- und Pimentkörner in einem Mörser zerstoßen und unter die Fisch-Reis-Masse mischen. Chinakohlblätter ca. 2 Minuten blanchieren, herausnehmen und abtropfen lassen. Lauch waschen, zu Streifen schneiden und ca. 1 Minute blanchieren. Fisch-Reis-Mischung auf die ausgebreiteten Kohlblätter verteilen und mit je einem Lauchstreifen zusammenbinden. Kohlwasser erneut aufkochen, einen Dämpfeinsatz einlegen und die Chinakohlbeutel 15 Minuten darin dämpfen.

Tipp: Mit gebratenem Reis können Sie diese Finger-Food-Variante schnell und einfach in ein köstliches Hauptgericht verwandeln.

Seeteufel im Mantel

(Für 4 Personen)

500 g Seeteufelfilet am Stück
2 Knoblauchzehen
2 Eiweiß
1 EL Sojasauce
1 TL Zitronensaft
1 Msp. Sambal Oelek
Salz, Pfeffer
8 Reispapierblätter (20 cm Durchmesser)
8 große Mangoldblätter
1 Ei

Vom Seeteufelfilet etwa 100 g abnehmen und fein hacken. Den restlichen Fisch in 8 dünne Scheiben schneiden. Knoblauch schälen und auspressen, mit Eiweiß, Sojasauce, Zitronensaft, Sambal Oelek, Salz und Pfeffer verrühren, kräftig abschmecken und mit dem gehackten Fisch mischen. Reispapierblätter etwa 5 Minuten in kaltem Wasser einweichen. Mangoldblätter waschen und 2 Minuten blanchieren, in Eiswasser abschrecken und den Stiel herausschneiden.
Blätter ausbreiten, mit der Fischpaste bestreichen und mit je einer Fischscheibe belegen. Mangoldblätter zu Paketen zusammenklappen, Reispapierblätter abtropfen lassen und zwischen zwei Küchentüchern trockentupfen. In die Mitte der Reispapierblätter je ein Fischpaket legen. Die Ränder mit verquirltem Ei bestreichen, das Blatt jeweils über dem Fischpaket zusammenfalten und fest andrücken. Öl erhitzen, Fischpakete darin 5–6 Minuten von beiden Seiten braten, herausnehmen und servieren.

Sambal Oelek ist eine scharfe Paste, die aus mit Salz vermischten, frisch zerstoßenen Chilies besteht. Sie ist zugedeckt im Kühlschrank mehrere Monate haltbar.

Zubereitungszeit: ca. 45 Minuten

Poularden sind Hähnchen, junge männliche und weibliche Masttiere, die mit ca. 1200 g Gewicht geschlachtet werden.

Frittierte Geflügelbällchen mit Ananasdip

(Für 6 Personen bzw. 24 Bällchen)

Für die Sauce:
1 kl. Ananas
50 g Cashewkerne
1½ EL Zucker
200 ml Tomatensaft
1 EL Reisweinessig
½ EL Sojasauce
Salz

Ananas schälen und das Fruchtfleisch in kleine Würfel schneiden. Cashewkerne hacken und in der trockenen Pfanne ohne Fett goldgelb rösten. Zucker darüber streuen und karamellisieren lassen. Karamell mit Tomatensaft ablöschen und einkochen lassen, bis sich der Karamell vollständig gelöst hat. Ananaswürfel, Essig und Sojasauce dazugeben und aufkochen. Mit Salz abschmecken.

Für die Geflügelbällchen:
500 g Poulardenbrustfilets
1 Knoblauchzehe
1 Schalotte
1 EL Pflanzenöl
1 EL fein gehackte Korianderblättchen
½ TL gemahlener Koriander
1 Msp. Curry
Salz
1 Ei
100 g Mehl
50 g Maisstärke
½ Päck. Backpulver
½ l Pflanzenfett zum Frittieren

Poulardenbrustfilets durch die feine Scheibe des Fleischwolfs drehen. Knoblauchzehe und Schalotte schälen und fein hacken. Öl erhitzen, Knoblauch und Schalotte darin glasig dünsten, abkühlen lassen und zum Fleisch geben. Fleisch mit Korianderblättchen, Koriander, Curry, Salz, Ei, Mehl Maisstärke und Backpulver zu einem glatten Teig verkneten. Öl erhitzen, mit zwei Teelöffeln vom Fleischteig kleine Bällchen abstechen und 3–4 Minuten im heißen Öl frittieren. Auf Küchenpapier abtropfen lassen und heiß auf Löffeln servieren. Die Ananassauce dazu reichen.

Zubereitungszeit:
ca. 60 Minuten

*(Für 4 Personen
bzw. 12 Spieße)*

300 g Putenschnitzel
1 EL Paprikapulver edelsüß
3 EL Pflanzenöl
Salz, schwarzer Pfeffer aus der Mühle
1 walnussgroßes Stk. Ingwer
2 Frühlingszwiebeln
¼ l Hühnerbrühe
2 EL Erdnusscreme
1 Pr. Cayennepfeffer
1 unbehandelte Zitrone

Putenspießchen mit Erdnusssauce

Das Putenfleisch von beiden Seiten mit Paprikapulver einreiben. In kleine, höchstens 1 cm große Würfel schneiden und auf 12 kleine, geölte Spießchen stecken. In einer Pfanne das Öl erhitzen und die Putenspießchen darin von jeder Seite etwa 2 Minuten braten. Leicht salzen und pfeffern, aus der Pfanne nehmen und abgedeckt warm halten.
Den Ingwer schälen und fein hacken. Die Frühlingszwiebeln putzen und waschen, in feine Ringe schneiden. Im Bratfett die weißen und hellgrünen Zwiebelringe und den Ingwer unter Rühren ca. 2 Minuten andünsten. Die Brühe angießen und aufkochen, dann die Erdnusscreme einrühren und die Sauce etwa 1 Minute kräftig köcheln lassen.
Die Erdnusssauce mit Salz, Pfeffer, Cayennepfeffer, etwa 1 EL Zitronensaft und etwas abgeriebener Zitronenschale abschmecken. Die Putenspießchen mit der Sauce anrichten, die dunkelgrünen Zwiebelringe aufstreuen. Dazu Zitronenschnitze reichen.

Zubereitungszeit: ca. 20 Minuten

KOCHDUELL

Mungbohnenkeimlinge etwa 1 Minute blanchieren und abtropfen lassen. Weißkohl und Frühlingszwiebeln putzen, waschen und in sehr feine Streifen schneiden. 1 EL Erdnussöl erhitzen und Hackfleisch darin anbraten. Knoblauchzehen schälen, pressen, dazugeben und mitbraten. Soja- und Chilisauce unterrühren und 2 Minuten schmoren. In einer zweiten Pfanne 1 EL Erdnussöl erhitzen, Mungbohnenkeimlinge, Weißkohl und Frühlingszwiebeln darin 2 Minuten dünsten. Fleisch, Gemüse und Koriander mischen und auf einem Sieb abtropfen lassen. Frühlingsrollen-

Frühlingsrollen mit Schweinefleisch

(Für 12 Frühlingsrollen)

50 g Mungbohnenkeimlinge
100 g Weißkohl
100 g helle Teile von Frühlingszwiebeln
2 EL Erdnussöl
100 g mageres Schweinehackfleisch
2 Knoblauchzehen
1 EL süße Sojasauce
1 EL Chilisauce
1 EL fein gehacktes Koriandergrün
12 Frühlingsrollen-Teigblätter
2 Eiweiß
1 l Frittierfett

Teigblätter halbieren und die Ränder mit Eiweiß bestreichen. Jeweils 2 EL Füllung auf die untere Teighälfte setzen, dabei 1 cm Rand frei lassen. Erst die untere Spitze, dann die beiden Längsseiten zur Mitte hin über die Füllung klappen und den Teig von der Querseite her an der Füllung beginnend aufrollen, so dass die Füllung von einem festen Teigpäckchen umschlossen ist. Reichlich Öl im Topf oder einer Fritteuse auf 180 °C erhitzen und Frühlingsrollen darin 4 – 5 Minuten knusprig frittieren. Auf Küchenpapier abtropfen lassen und sofort servieren.

Zubereitungszeit: ca. 30 Minuten

Tipp: Frühlingsrollen können roh eingefroren und gefroren frittiert werden. Dann verlängert sich die Garzeit um 2 Minuten.

Mungbohnenkeimlinge sind typisch für die asiatische Küche, sie sind eine Art grüne Sojabohnen und als Hülsenfrüchte besonders in der asiatischen Vollwertküche beliebt.

Wan-Tan-Teig ist ein asiatischer Teig aus Weizenmehl und Eiern. Wie alle Tiefkühl-Teige sollte auch er langsam ohne Hilfe, am besten im Kühlschrank, auftauen.

Geldsäckchen mit Hühnerfleisch

(Für 16 Geldsäckchen)

Für die Füllung:
375 g Hühnerhackfleisch
90 g fein gehackten Schinken
4 fein gehackte Frühlingszwiebeln
1 fein gehackte Selleriestange
3 EL Sojasauce
1 zerdrückte Knoblauchzehe
1 TL frischer Ingwer, geraspelt

Alle Zutaten für die Füllung vermischen.

16 Wan-Tan-Hüllen
1 Bd. Schnittlauch

2 TL der Füllung in die Mitte einer Nudelplatte setzen, die Teigränder über der Füllung zusammendrücken, so dass ein Säckchen entsteht. 16 halbierte Schnittlauchhalme etwa 1 Minute blanchieren.
Die Geldsäckchen in heißem Öl 4 – 5 Minuten knusprig frittieren, dann auf Küchenpapier abtropfen lassen. Jedes Säckchen mit einem Schnittlauchhalm zubinden. Sofort servieren.

Zubereitungszeit:
ca. 45 Minuten

Süß-saure Mettbällchen aus dem Land des Lächelns

(Für 4 Personen bzw. 12 Bällchen)

400 g Schweinemett
1 Ei
1 Knoblauchzehe, gepresst
Salz, Pfeffer
3 EL Pflanzenöl
1 Zwiebel
15 g Ingwer
1 Stange Lauch
jeweils 150 g rote und grüne Paprikaschoten
150 g Blumenkohl
150 g Erbsen (TK)
150 g Mungbohnenkeimlinge
3 EL Sojaöl
¼ l Rinderbrühe
2 EL Reisweinessig
2 EL süße Sojasauce
1 TL Mango-Chutney
Zucker, Salz, Pfeffer

Zubereitungszeit: ca. 60 Minuten

Mett, Ei, Knoblauch und Gewürze verkneten und aus der Masse 12 Bällchen formen. Öl erhitzen und die Bällchen darin 5 Minuten braten. Zwiebel und Ingwer schälen und in feine Würfel schneiden. Lauch und Paprikaschoten putzen, waschen und in schmale Streifen schneiden. Blumenkohl putzen, waschen und in Röschen zerteilen. Erbsen auftauen lassen. Mungbohnenkeimlinge ca. 1 Minute blanchieren. Sojaöl erhitzen, Zwiebel, Ingwer und Lauch darin etwa 2 Minuten andünsten. Restliches Gemüse dazugeben und 5 Minuten dünsten. Brühe angießen, mit Essig, Sojasauce, Mango-Chutney, Zucker, Salz und Pfeffer würzen. Mettbällchen auf das Gemüse legen, aufkochen und 5 Minuten garen.

Tipp: Auf asiatischen Suppenlöffeln servieren.

Aufgespießte Kofta

KOCHDUELL

(Für 6 Personen bzw. 12 Spieße)

750 g Rinderhackfleisch
1 kl. geriebene Zwiebel
30 g gehackte Petersilie
2 EL gehackter Koriander
je ½ TL gemahlener Kreuzkümmel, geriebene Muskatnuss und gemahlener Kardamom
je ½ TL getr. Oregano und getr. Minze
2 Limetten

Alle Zutaten bis auf die Limetten mischen und 1 Stunde ruhen lassen. Mit nassen Händen aus der Mischung 24 Röllchen formen. Jeweils 2 Fleischröllchen mit einer Limettenspalte dazwischen aufspießen.
Die Kofta auf einem Blech oder Grillteller unter den heißen Grill schieben und 10–12 Minuten garen, dabei mehrmals wenden. Natürlich können Sie die Kofta auch bei 200 °C etwa 8 Minuten im Backofen oder 10–12 Minuten in der Pfanne zubereiten.

Zubereitungszeit: ca. 20 Minuten (+ 1 Stunde ruhen lassen)

Tipp: Damit die verwendeten Holzspieße nicht brennen, bevor das Fleisch gar ist, legt man sie mindestens 30 Minuten in Wasser.

KOCHDUELL

Malaysisches Lamm-Satay

(Für 8 Spieße)

500 g Lammfilet, von Fett und Sehnen befreit
1 grob gehackte Zwiebel
2 zerdrückte Knoblauchzehen
ca. 2 cm Zitronengrasstange
2 Scheiben Ingwer oder frischen Galgant
1 TL frischer Ingwer, gehackt
1 TL gemahlener Kreuzkümmel
½ TL gemahlener Fenchelsamen
1 EL gemahlener Koriander
1 TL gemahlener Kurkuma
1 EL brauner Zucker
1 EL Zitronensaft

Tipp: Statt Lamm können Sie auch sehr gut Puten- oder Hähnchenfleisch verwenden.

Das Fleisch in dünne Streifen schneiden. Alle sonstigen Zutaten in der Küchenmaschine zu einer glatten Paste verrühren. Dabei das Zitronengras putzen, die äusseren Schichten entfernen und das weiße Innere in feine Scheiben schneiden. Die Paste in eine Schüssel füllen, das Fleisch darin wenden und über Nacht in den Kühlschrank stellen.
Fleisch auf Holzspieße stecken und auf ein Backblech legen, dann unter den heißen Grill schieben oder im Backofen mit Oberhitze bei 200 °C etwa 3–4 Minuten auf jeder Seite garen. Beim Grillen mehrmals mit der übrigen Würzpaste bestreichen.

Zubereitungszeit:
ca. 25 Minuten
(+ 1 Nacht einlegen)

Galgant ist die Wurzel einer Pflanze aus der Familie der Ingwergewächse. Sie schmeckt zwar ähnlich wie Ingwer, hat aber ein pfeffriges Aroma.

Zitronengras ist ein Gras, das der Reispflanze sehr ähnlich ist und in Vietnam sehr häufig zum Würzen verwendet wird. Es ist gemahlen als Sereh-Pulver oder Laospulver erhältlich.

Frittierte süße Wan-Tans

KOCHDUELL

(Für 5 Personen
bzw. 20–25 Wan-Tans)

125 g entkernte Datteln
60 g kandierte Walnussstücke
Schale von ½ unbehandelten Zitrone
1–2 EL Orangensaft
20–25 Wan-Tan-Hüllen
ca. 1 l Erdnussöl zum Frittieren
Puderzucker zum Bestäuben

Die Datteln und Nüsse im Mixer fein hacken. Mit der Zitronenschale und Orangensaft zu einer gut formbaren Masse verarbeiten. Aus der Masse 2 cm dicke und 3 cm lange Rollen formen und jeweils schräg auf die bereitgelegten Wan-Tan-Hüllen legen.
Die Teigplatte so aufrollen, dass die Füllung ganz umschlossen ist, und die Enden wie Bonbons zusammendrehen.
Das Öl in einem Wok oder der Fritteuse erhitzen und die Wan-Tans in kleinen Portionen ca. 2 Minuten ausbacken.
Auf Haushaltspapier abfetten und mit Puderzucker bestreut servieren.

Zubereitungszeit: ca. 25 Minuten

KOCHDUELL

Honig-Karamell-Bananen

(Für 4 Personen)

2 EL Sesam
4 Baby-Bananen
3 EL Honig
Saft von 2 Limetten
einige Stängel Zitronenmelisse

Sesam in der trockenen Pfanne ohne Fett rösten. Bananen der Länge nach durchschneiden. Honig mit Limettensaft erhitzen, Bananen darin 2 Minuten dünsten, herausnehmen und auf Teller verteilen. Limetten-Honig-Saft etwas einkochen lassen und über die Bananen träufeln. Mit Sesam bestreuen. Zitronenmelisse waschen, trocken tupfen und die Bananen damit garniert servieren.

Zubereitungszeit: ca. 15 Minuten

Chinesische Glückskekse

(Für 24 Kekse)

3 Eiweiß
60 g Puderzucker, gesiebt
45 g Butter, zerlassen
60 g Mehl

Backblech mit Backpapier auslegen und drei Kreise mit je 8 cm Durchmesser auf das Papier zeichnen. Eiweiße in einer mittelgroßen Schüssel schlagen, bis sie leicht schaumig sind. Puderzucker und Butter zugeben und glatt rühren. Mehl unterrühren, bis der Teig glatt ist.
Mit einer Palette oder einem Küchenschaber 1½ gestrichene TL des Teigs auf jedem Kreis verstreichen und 5 Minuten im vorgeheizten Backofen bei 180 °C backen, bis die Teigränder leicht braun sind. Mit einer Palette die Kekse rasch vom Blech nehmen.
Eine geschriebene Glücksbotschaft auf jedem Keks platzieren. Den Keks zu einem Halbkreis umschlagen und ihn dann über einem stumpfkantigen Gegenstand, z. B. einem Schüsselrand, zu einem Viertel falten. Auf einem Drahtgitter abkühlen lassen. Mit der restlichen Masse genauso verfahren.

Zubereitungszeit: ca. 20 Minuten

Leckereien aus Mittel- und Südamerika

Finger Food im Zusammenhang mit der mittel- und südamerikanischen Küche bedeutet wesentlich mehr als nur Nachos und Tacos – wie ich Ihnen mit den folgenden Rezepten zeigen will. Die Grundlage legen Sie mit einigen dort heimischen Früchten wie Papaya, Avocados und Mais.
Das Feuer der lateinamerikanischen Küche entfachen Sie mit den Gewürzen Chili und Pfeffer. Wenn Ihr Haushalt diese Zutaten hergibt, sind Sie schon gut gerüstet für einen genussvollen Ausflug in diesen Teil der neuen Welt.

Mais-Tortillas und Guacamole

*(Für 4 Personen
bzw. 8 Tortillas)*

Für die Tortillas:
150 g Masa harina
1 TL Salz
200 ml Wasser

Mehl mit Salz in eine Schüssel füllen und das lauwarme Wasser langsam, unter ständigem Rühren dazugießen, bis ein feuchter, weicher Teig entstanden ist. Zugedeckt 15 Minuten ruhen lassen.
Backpapier in 20 x 20 cm große Stücke schneiden und den Teig in 8 Portionsstücke teilen. Jeweils eine Portion Teig zwischen zwei Papierbögen zu einem dünnen runden Fladen von etwa 15 cm Durchmesser ausrollen. Eine beschichtete Pfanne ohne Fett erhitzen und die Tortillas nacheinander darin von jeder Seite etwa 1 Minute backen. Die Tortillas sind gar, wenn sie dunkelbraune Flecken oder Punkte bekommen.
Als Alternative zur Tortilla können Sie auch eine Crêpe aus Maismehl herstellen. Dazu 125 g Maismehl mit 1 Ei und ¼ l Milch verrühren und 30 Minuten ruhen lassen. Dann hauchdünne Crêpes ausbacken.

Für die Guacamole:
1 Frühlingszwiebel
1 frische grüne Chilischote
3 reife Avocados
Saft von 1 Limette
Salz, Pfeffer

Frühlingszwiebel putzen und waschen, ein Stück des grünen Teils in feine Ringe schneiden und beiseite stellen, den Rest der Zwiebel grob zerschneiden. Die Chilischote längs aufschlitzen, von Kernen befreien und waschen. Die Avocados schälen, längs halbieren und den Kern entfernen. Fruchtfleisch mit grob gehackter Frühlingszwiebel, Chili und Limettensaft im Mixer pürieren. Avocadopüree salzen, pfeffern und auf die Tortillas streichen. Mit den Zwiebelringen bestreuen und einrollen.

**Zubereitungszeit:
ca. 25 Minuten**

Masa harina ist spezielles Tortilla-Mehl aus gelbem oder blauem Mais, das man im Supermarkt kaufen kann. Als Alternative bietet sich Maismehl an, das man dann allerdings zu einer Crêpe verarbeiten sollte.

(Für 4 Personen
bzw. 4 Spießchen)

1 Dose Schnecken (12 Stk.)
2 dicke Scheiben
altbackenes Weißbrot
1 Knoblauchzehe
½ Zitrone
2 EL Erdnussöl
Salz und Pfeffer
1 große Papaya
3 Zweige Basilikum
Salatblätter zum Anrichten

Schneckenspießchen mit Papaya

Das Dutzend Schnecken abschütten und heiß abbrausen. Gut abtropfen lassen und sauber putzen. Das Weißbrot entrinden und in Würfel schneiden. Die Knoblauchzehe und ½ Zitrone pressen. Das Öl in einer Pfanne erhitzen. Brotwürfel rundum braun braten, Knoblauch zugeben und durchschwenken, aus der Pfanne heben und auf Küchenkrepp abtropfen lassen.
Im Ölrest die Schnecken kurz durchrühren, mit 1 EL Zitronensaft beträufeln, leicht salzen und pfeffern. Auf Küchenkrepp legen. Die Papaya längs halbieren, Kerne auslöffeln, aus dem Fruchtfleisch mit einem kleinen Kugelausstecher oder Löffel Bällchen ausbohren und mit dem restlichen Zitronensaft beträufeln. Basilikumblättchen abzupfen, waschen und trockenschütteln. Abwechselnd Brotwürfel, Basilikum, Papayakugeln und Schnecken auf Spieße stecken. Lauwarm oder kalt auf Salatblättern anrichten.

Zubereitungszeit: ca. 20 Minuten

Tipp: Sie können die leicht pfeffrig schmeckenden Kerne der Papaya auch als Dekoration verwenden.

Zimtkrapfen

(Für 6 Personen
bzw. 18–24 Krapfen)

Für den Zimt-Sirup:
100 g brauner Zucker
250 ml Wasser
2 EL Orangensaft
1 TL gemahlener Zimt

Braunen Zucker, Wasser, Orangensaft und Zimt in einem kleinen Topf mischen und rühren, bis sich der Zucker aufgelöst hat. Erst dann zum Kochen bringen, die Hitze reduzieren und köcheln, bis sich die Flüssigkeit auf drei Viertel ihres Volumens reduziert hat.

Für den Teig:
250 ml Wasser
70 g Butter
120 g Mehl mit ¼ Päck. Backpulver vermischt
4 Eier

Wasser und Butter in einem Topf bei niedriger Hitze erwärmen, bis die Butter geschmolzen ist. Topf von der Kochplatte nehmen und das gesamte Mehl hinzufügen. Mit einem Holzlöffel schlagen, bis eine glatte Masse entsteht. Auf die Kochplatte zurückstellen und erhitzen, bis die Mischung dick wird und sich vom Topfrand löst. Von der Kochplatte nehmen, leicht abkühlen lassen und in eine kleine Rührschüssel geben. Eier leicht anschlagen und nach und nach hineingeben, danach jedesmal gut durchrühren, bis die Masse glänzt.
Fritteuse auf ca. 160 °C erhitzen, gehäufte Teelöffel der Mischung hineingeben und bei mittlerer Hitze 5 Minuten backen, bis die Krapfen aufgegangen und goldbraun sind. Mit einem Schaumlöffel herausnehmen. Auf Küchenpapier abtropfen lassen. Mit dem Zimt-Sirup servieren.

Zubereitungszeit:
ca. 25 Minuten

(Für 4 Personen
bzw. 20 Trüffel)

200 g bittere Schokolade
2–3 Eigelb
80 g Puderzucker
125 g Butter
2 EL Rum
Kakaopulver

Kakaotrüffel

Die Schokolade im Wasserbad schmelzen. Eigelb, Puderzucker, Butter und Rum verrühren und auf einem Wasserbad aufschlagen. Dann die Schokolade nach und nach dazugeben. Die Masse im Kühlschrank fest werden lassen. Mit zwei Teelöffeln kleine Klöße abstechen und in gesiebtem Kakao wälzen.
Sie können auch die noch weiche Trüffelmasse mit der Sterntülle in Pralinenförmchen spritzen, mit Kakao bestäuben und kalt stellen.

Zubereitungszeit: ca. 15 Minuten

Entdeckungen aus dem Land der unbegrenzten Möglichkeiten

Der „american way of life“ ist vor allen Dingen eines: schnell und unkompliziert.
Das betrifft sicherlich nicht zuletzt auch das Essen. Doch Fast Food in den USA muss nicht immer nur Hamburger und Hot-Dog heißen! Ich möchte Sie mit einer kleinen Auswahl von Rezepten vom Reichtum und der Vielfältigkeit der traditionellen Küche der Vereinigten Staaten überzeugen.
So finden Sie auf den folgenden Seiten texanisches Erdnusskonfekt aus dem wilden Westen ebenso wie Bagels aus dem schrillen New York. Und natürlich fehlen auch die beliebten Muffins nicht . . .

(Für 4 Maiskolben)

4 frische Maiskolben
1 EL Zucker
Butter
Salz, schwarzer Pfeffer
aus der Mühle

Corn on the Cob – leckere Maiskolben

Die Maiskolben aus den grünen Hüllblättern lösen, von den Fäden befreien und mit kaltem Wasser abspülen.
In einem breiten Topf reichlich Wasser aufkochen. Zucker und die Maiskolben hineingeben und bei mittlerer Hitze zugedeckt etwa 8 Minuten kochen lassen, bis die Maiskörner gar sind. Maiskolben mit einem Schaumlöffel oder einer Spaghettizange aus dem Wasser heben, abtropfen lassen, mit Butterflocken belegen und salzen und pfeffern.

Zubereitungszeit: ca. 20 Minuten

New Yorker Bagels

(Für 20 Bagels)

250 ml Milch
80 g Butter
1 TL Salz
1 EL Zucker
30 g Hefe
2 Eiweiß
500 g Mehl
1 Eigelb
2 EL Wasser
200 g Räucherlachs
200 g Doppelrahm-Frischkäse

Zubereitungszeit: ca. 60 Minuten (+ 1 Stunde 40 Minuten gehen lassen)

Milch, Butter, Salz und Zucker in einen Topf geben und unter Rühren aufkochen, bis Butter geschmolzen ist. In eine Schüssel umgießen und abkühlen lassen, bis die Mischung lauwarm ist. Die Hefe hineinbröckeln und durch Rühren auflösen.
Die Mischung zugedeckt etwa 10 Minuten stehen lassen, bis sie Blasen wirft. Eiweiß in einer Tasse verquirlen, dann gründlich unter die Hefemilch schlagen.
Nach und nach das Mehl unter die Hefemischung arbeiten und alles zu einem glatten, recht weichen Teig verkneten. Den Teig etwa 10 Minuten lang kneten, bis er nicht mehr klebt, dann zugedeckt an einem warmen Ort etwa 1 Stunde gehen lassen.
Aus dem Teig nach und nach etwa 20 hühnereigroße Teigkugeln formen. Dann jede Kugel mit dem Zeigefinger in der Mitte durchdrücken, damit ein Ring entsteht. Den Ring mit dem Zeigefinger auf der leicht bemehlten Arbeitsfläche kreisen lassen, bis das Loch einen Durchmesser von etwa 3 cm hat. Die Kringel auf der Arbeitsfläche liegend mit einem Küchentuch zugedeckt noch einmal etwa 10 Minuten gehen lassen.
Das Eigelb mit 2 EL Wasser verquirlen und die Bagels damit bepinseln. Die Bleche mit den Ringen nacheinander in den vorgeheizten Backofen stellen und etwa 15 Minuten bei 200 °C backen. Mit Räucherlachs und Frischkäse anrichten.

Tipp: Nach Belieben je 1 TL Kapern und gehackte Zwiebel dazu servieren.

Marinierte gebratene Spareribs

KOCHDUELL

(Für 2 Personen
bzw. 10 Spareribs)

4 EL Curryketchup
1 EL scharfer Senf
1 EL Sojasauce
1 EL brauner Zucker
1 TL getr. Oregano
1 Zweig Thymian
2 EL Olivenöl
1 Knoblauchzehe
Salz, Pfeffer aus der Mühle
500 g frische
Schweinerippchen

Marinade aus Ketchup, Senf, Sojasauce, Zucker, Oregano, Thymian und Olivenöl rühren. Knoblauchzehe pellen und fein hacken, unter die Marinade mischen und mit Salz und Pfeffer kräftig würzen.
Rippchen etwa 20 Minuten blanchieren und abkühlen lassen. Mit der Marinade von beiden Seiten bepinseln und 2 Stunden ziehen lassen.
Die Fettpfanne des Backofens mit etwas Wasser füllen, auf die mittlere Schiene schieben. Auf dem Rost darüber die Rippen in den Ofen schieben und bei 190 °C 60 Minuten grillen.

Zubereitungszeit:
ca. 80 Minuten (+ 2 Stunden marinieren)

Für den Avocado-Dip:
3 reife Avocados
Saft von 2 Limetten
2 Tomaten
1 kl. Zwiebel
2–3 kl. mittelscharfe Chilischoten
Salz
½ Bd. frischer Koriander

Die Avocados halbieren, vom Stein befreien und das Fruchtfleisch aus den Schalen lösen. Das Fleisch mit dem Limettensaft im Mixer oder mit dem Pürierstab pürieren.
Die Tomaten waschen, häuten, entkernen und klein würfeln. Die Zwiebel schälen und ebenfalls klein würfeln. Chilischoten längs aufschlitzen, waschen und fein hacken.
Tomaten-, Zwiebel- und Chilistückchen mit dem Avocadopüree verrühren, salzen. Koriander fein hacken und unter das Püree rühren.

Beef Tacos

(Für 4 Personen bzw. 12 Tacos)

Für die Tacos:
1 mittelgroße Zwiebel
½ grüne Paprikaschote
2 EL Pflanzenöl
1 Knoblauchzehe
400 g Rinderhackfleisch
200 g passierte Tomaten (Dose)
½ TL getr. Thymian
Salz, schwarzer Pfeffer aus der Mühle
¼ TL Kreuzkümmel
¼ TL Paprikapulver
einige Tr. Tabasco
½ kl. Eisbergsalat
6 kl. feste Tomaten
12 Taco-Shells
60 g Cheddar-Käse, grob gerieben

Die Zwiebel schälen, die Paprikaschote waschen und beides klein würfeln. Das Öl in einem Topf erhitzen, die Zwiebel- und Paprikawürfel darin unter Rühren bei schwacher Hitze leicht anbraten. Den Knoblauch schälen, würfeln und dazugeben. Das Hackfleisch mit anbraten, dann das Tomatenpüree dazugeben. Alles mit Thymian, Salz, Pfeffer, Kreuzkümmel, Paprikapulver und Tabasco würzen, bei schwacher Hitze etwa 20 Minuten offen köcheln lassen. Dabei soll die Feuchtigkeit größtenteils verdampfen.
Inzwischen den Backofen auf 175 °C vorheizen. Den Eisbergsalat putzen, waschen und in feine Streifen schneiden. Die Tomaten waschen, halbieren, entkernen, vom Stielansatz befreien und klein würfeln. Die Taco-Shells 2–3 Minuten im Backofen erwärmen. Das Hackfleisch pikant abschmecken, zusammen mit Salat, Tomaten und Käse in die Taco-Shells füllen. Sofort mit dem Avocado-Dip servieren.

Zubereitungszeit: ca. 60 Minuten

Tipp: Ein Schälchen mit Guacamole (siehe *Seite 69*), saurer Sahne und mit Chilisauce dazu anbieten. Dann kann jeder seine Lieblingssauce wählen.

In Mexiko bezeichnet man Tortillas als Taco. ***Taco-Shells*** nennt man die zusammengeklappten, „zur Muschel geformten" (shell = Muschel) Tacos, die es fertig zu kaufen gibt.

Austern New-Orleans

(Für 4 Personen
bzw. 8 Spieße)

24 große Austern ohne Schale
2 TL Cajun-Gewürze
½ TL Paprikapulver
¼ TL getr. Basilikum
75 g Mehl
125 ml Pflanzenöl
45 g Butter

Austern auf Küchenpapier abtropfen lassen. In einer flachen Schüssel Cajun-Gewürze, Paprika und Basilikum vermischen und 2 TL der Mischung beiseite stellen, den Rest mit dem Mehl mischen. Je 3 Austern auf eingeölte Metallspieße stecken und in dem gewürzten Mehl wenden.
Öl und Butter in einer großen Pfanne erhitzen und Austern unter mehrmaligem Wenden darin ca. 6 Minuten goldbraun braten. Auf Küchenpapier abtropfen lassen, mit dem Rest der Gewürzmischung bestreuen und mit Zitronenvierteln und Mayonnaise servieren.

Zubereitungszeit: ca. 20 Minuten

Cajun-Gewürze werden aus 1 EL Knoblauchpulver, 1 EL Zwiebelpulver, 2 TL weißem Pfeffer, 2 TL grob gemahlenem schwarzen Pfeffer, 1,5 TL Cayennepfeffer, 2 TL getrocknetem Thymian und ½ TL getrocknetem Oregano gemischt.
Dieses Gewürz können Sie auch fertig gemischt in gut sortierten Gewürzregalen finden.

Texanisches Erdnusskonfekt

(Für 6 Portionen)

100 g Marzipanrohmasse
100 g Erdnusskerne, ungesalzen
2 EL Orangenlikör
30 entsteinte, ungeschwefelte Trockenpflaumen
150 g Vollmilch-Kuvertüre

Das Marzipan mit den gehackten Erdnusskernen und dem Orangenlikör verkneten und zu einer Rolle formen. Die Trockenpflaumen aufschneiden und mit der Masse füllen. Die Kuvertüre schmelzen und jede Pflaume bis zur Hälfte hineintauchen. Auf einem Kuchengitter trocknen lassen.

Zubereitungszeit: ca. 15 Minuten

Tipp: Tauchen Sie einen Teil des Konfekts in weiße Kuvertüre – das ist auch ein Genuss für das Auge.

(Für 6 Personen
bzw. 24–36 Brötchen)

750 g Mehl mit 1 Päck. Backpulver gemischt
1 TL Backpulver
1 EL feiner Zucker
150 g Butter
375–500 ml Buttermilch
2 EL Milch oder Sahne

Süße Brötchen nach Louisiana-Art

Mehl, zusätzliches Backpulver und Zucker in der Küchenmaschine kurz vermischen. Die Butter in Stücke schneiden, zugeben und glatt rühren. In eine Rührschüssel geben, Buttermilch einrühren und kurz zu einem weichen Teig verkneten. Nicht zu stark!
Den Teig auf einer bemehlten Arbeitsfläche 3 cm dick ausrollen. Mit einem bemehlten runden Ausstechförmchen von 5 cm Durchmesser Kreise ausstechen und auf ein gut gefettetes Backblech legen.
Die Oberseite mit Milch oder Sahne bestreichen und im vorgeheizten Ofen bei 220 °C ca. 12 Minuten goldbraun backen. Heiß servieren!

Zubereitungszeit: ca. 45 Minuten

Blueberry Muffins

(Für 12 Muffins)

100 g weiche Butter
175 g Zucker
2 Eier
1–2 TL echte Bourbon-Vanille
1 Pr. Salz
250 g Mehl
2 TL Backpulver
150 ml Buttermilch
225 g Heidelbeeren

Die Butter in eine Schüssel geben, den Zucker zufügen und alles mit dem Handrührer schaumig aufschlagen. Eier, Vanille und Salz unterrühren. Das Mehl mit dem Backpulver mischen und abwechselnd mit der Buttermilch unter die Buttermasse rühren. Die Heidelbeeren verlesen, waschen und abtrocknen, vorsichtig unter den Teig heben.
Den Teig in die gefetteten Förmchen geben. Am besten ist natürlich ein Muffin-Blech, doch falls Sie keines haben, eignen sich auch kleine Papier-Backförmchen. Im vorgeheizten Backofen auf der mittleren Schiene bei 175 °C etwa 35 Minuten backen.

Zubereitungszeit: ca. 45 Minuten

Ein Muffin-Blech ist ein spezielles Blech mit Vertiefungen – meistens sind es 12 –, in denen der Teig zu kleinen Törtchen gebacken wird. Alternativ können Sie Ihre Muffins auch nur in Papierförmchen backen.

Marshmallows nennt man Süßigkeiten aus luftiger, wattiger Zuckermasse.

Marshmallows

(Für 24 Marshmallows)

100 g Puderzucker
50 g Speisestärke
450 g Zucker
2 EL Traubenzucker
3/8 l Wasser
25 Blatt weiße Gelatine
2 EL Orangenblütenwasser
2 Eiweiß

Puderzucker mit der Speisestärke vermischen. Mit einem Teil davon eine gefettete, quadratische Form ausstreuen. Zucker und Traubenzucker im Wasser aufkochen und unter Rühren auflösen. Gelatine einweichen, mit dem Orangenblütenwasser auflösen und in den Sirup gießen. Eiweiß steif schlagen und Sirup langsam unterrühren. Diese Masse in die Form füllen und erstarren lassen. Mit etwas Puderzucker-Stärke-Mischung bestreuen. Aus der Form stürzen und von allen Seiten mit der Mischung bestreuen. Marshmallows schneiden und nochmals in der Mischung wälzen. Etwa 1 Tag trocknen lassen.

Zubereitungszeit: ca. 20 Minuten

Tipp: Anstatt Orangenblütenwasser Zitronenöl und gelbe Speisestärke für Zitronen-Marshmallows verwenden.

Sinnliches aus der Karibik

Ein Geschmackserlebnis der besonderen Art bereitet Ihnen die Karibik. Die dezente Exotik zeigt sich in der feinen Kombination von Kokos und Frucht, die Ihr selbstgemachtes Finger Food zu winzigen Gesamtkunstwerken werden lässt.
Bereiten Sie sich und Ihren Gästen ein Fest für die Sinne. Die Lust am genussvollen Augenblick lässt sich durch Finger Food hervorragend verwirklichen, denn man kann es wahrlich überall verzehren. Verwöhnen Sie Ihre Gäste mit verführerisch kleinen Kostbarkeiten!

Marinierte Rum-Ananas im Speckmantel

(Für 4 Personen
bzw. 24 Päckchen)

1 kl. Ananas
50 g Kokosflocken
5 cl weißer Rum
100 g Frühstücksspeck
(ca. 12 lange, dünne
Scheiben)
3 EL Curryketchup

KOCHDUELL

Ananas schälen und in 2 cm dicke Scheiben schneiden. Mit einer runden Ausstechform den holzigen Strunk aus der Mitte stanzen und jede Scheibe in 6 Stücke teilen. Ananasstücke und Kokosflocken in einer Schüssel mit Rum übergießen, umwenden und – gut abgedeckt mit Frischhaltefolie – mindestens 2 Stunden marinieren.
Speckstreifen quer halbieren und mit etwa 2 EL Ketchup einpinseln. Je ein Ananasstück darauf legen, Speck über der Ananas zusammenschlagen und mit einem Zahnstocher fixieren. Außen mit dem restlichen Ketchup bepinseln. Ein Backblech mit Backpapier auslegen. Die Ananasstücke auf dem Blech verteilen und im vorgeheizten Ofen bei 240 °C etwa 15 Minuten braten, bis sie knusprig braun sind.
Auf einer Platte anrichten.

Zubereitungszeit:
ca. 15 Minuten
(+ 2 Stunden marinieren)

Kleine Rouladen von Hähnchenfleisch mit Petersilien-Farce

KOCHDUELL

(Für 4 Personen
bzw. 8 Rouladen)

400 g Hähnchenbrustfilet
1 Bd. Petersilie
75 g geröstete
Erdnusskerne, ungesalzen
25 g Butter
1 TL Sojasauce
2 TL scharfer Senf
1 EL Zitronensaft
½ TL Salz
frisch gemahlener schwarzer
Pfeffer
1 TL grüne Pfefferkörner
3 EL Pflanzenöl zum Braten

Hähnchenfleisch mit der glatten Seite des Fleischklopfers flach und dünn klopfen, mit der Faser in etwa 4 cm breite, höchstens 10 cm lange Streifen schneiden.
Petersilie waschen, zupfen und in eine hohe Rührschüssel geben. Die Erdnüsse, Butter, Sojasauce, Senf, Zitronensaft sowie Salz und schwarzen Pfeffer hinzufügen und mit dem Pürierstab fein pürieren. 1 TL grünen Pfeffer hacken und untermischen. Die Farce auf die Fleischstreifen streichen. Jeden Streifen möglichst eng zusammenrollen und mit Zahnstochern zusammenstecken. In einer großen Pfanne Öl erhitzen und die Röllchen von allen Seiten anbraten, Hitze reduzieren und einen Deckel auflegen. Das Fleisch etwa 8 Minuten schmoren lassen. Mit Erdnusssauce servieren.

Zubereitungszeit: ca. 35 Minuten

Cocktailtomaten mit Mais-Speck-Kapern-Füllung

(Für 24 Tomaten)

30 g durchwachsener Speck
40 g Maisgrieß
200 ml Gemüsebrühe
2 TL Kapern
¼ TL Kardamom, gemahlen
Salz und Pfeffer
24 Cocktailtomaten
2 EL bunter Pfeffer, grob geschrotet

Speck in äußerst feine Würfel schneiden. In einem mittleren Topf den Speck auslassen, bis er zu bräunen beginnt. Dann den Maisgrieß zufügen und leicht anrösten, mit der Gemüsebrühe ablöschen. Bei kleinster Hitze den Maisgrieß etwa 15 Minuten quellen lassen und ab und zu umrühren, da er sonst ansetzt. Zum Schluß Kapern hacken und mit etwas Kapernbrühe unter den Grieß mengen. Kardamom unterziehen und den Brei mit Salz und Pfeffer abschmecken. Cocktailtomaten waschen und trockenreiben. Von jeder Frucht einen kleinen Deckel abschneiden.

Die Tomaten mit einem Kugelausstecher oder Löffel aushöhlen. Mit nassen Händen die Mais-Farce in die Tomaten drücken, Oberfläche glatt streichen und in den bunten Pfeffer tauchen.

Tipp: Auf einer Platte mit einigen Salatblättern anrichten.

Zubereitungszeit: ca. 35 Minuten

Eclairs (Blitzkuchen) sind gefüllte Brandteigstangen.

Liebesknochen mit Kakicreme

(Für 6 Personen bzw. 12 Stück)

Für die Creme:
2 Kaki- oder Sharon-Früchte
1 unbehandelte Zitrone
2 Blatt Gelatine
50 g Zucker
200 ml süße Sahne

Die Kakifrüchte waschen, Blütenansatz abziehen und die Früchte durch ein feines Sieb streichen. Schale der Zitrone abreiben und eine Hälfte auspressen. Gelatine in etwas Wasser einweichen, auflösen und mit 3 EL Zitronensaft, Zucker und der geriebenen Schale unter das Kakimus ziehen. Sahne steif schlagen, unterziehen und die Creme etwa 4 Stunden kalt stellen, bis sie fest geworden ist.

Für die Eclairs:
50 ml Wasser
50 ml Milch
40 g Butter
1 Pr. Salz
50 g Mehl
2 Eier

Brandteig (siehe *Seite 31*) aus Wasser, Milch, Butter, Salz und Mehl herstellen. Den Teig in eine Rührschüssel füllen und nach und nach mit 2 Eiern verrühren (das zweite erst zugeben, wenn das erste ganz eingearbeitet ist).
Den Teig in einen Spritzbeutel mit Sterntülle füllen. Backblech mit Backpapier auslegen, darauf 10 Streifen Teig spritzen und in den auf 230 °C vorgeheizten Backofen schieben. Nach 15 Minuten die Hitze auf 200 °C reduzieren, dabei die Tür nicht öffnen! Weitere 10 Minuten backen. Die heißen Eclairs längs aufschneiden und offen ausdampfen lassen.
Wenn sie völlig abgekühlt sind, mit der Kakicreme füllen und den Teigdeckel auflegen.

Für den Guss:
100 g Zucker
2 EL Wasser

Zucker karamellisieren lassen und mit Wasser ablöschen. Eclairs mit etwas von diesem Karamell bepinseln.
Mit Gabel in den Karamell fahren und Fäden hin und her über die einzelnen Eclairs spinnen.

Zubereitungszeit:
ca. 45 Minuten
(+ 4 Stunden kalt stellen)

Schoko-Kokos-Würfel

(Für 4 Personen
bzw. 24 Würfel)

50 g Kokosflocken
100 g Crème fraîche
200 g Zartbitterschokolade
200 g Vollmilchschokolade
50 g Kokosfett
3 EL Kakaopulver
Mandelöl zum Einpinseln

Die Kokosflocken mit Crème fraîche im Mixer pürieren. Die Schokolade zerbröckeln und mit dem Kokosfett in eine kleine Schüssel füllen. Im Wasserbad schmelzen. Topf vom Herd nehmen. Die Crème-fraîche-Mischung zusammen mit 1 EL Kakaopulver mit dem Handrührer untermischen.
Eine Eiswürfelschale ohne Gitter mit Frischhaltefolie auskleiden, mit Mandelöl auspinseln und die Masse einfüllen.
Für mindestens 2 Stunden kalt stellen.
Masse aus der Schale nehmen und mit einem scharfen, in heißes Wasser getauchten Messer in gleichmäßige Würfel schneiden. Würfel auf ein Kuchengitter setzen und mit dem restlichen Kakaopulver bestäuben.

Zubereitungszeit: ca. 15 Minuten
(+ 2 Stunden kalt stellen)

Über den Autor

Wolfgang Kohlhepp

geb. 27. Oktober 1967 in Düsseldorf/Nordrhein-Westfalen

- Ausbildung zum Koch im „Strümper Hof“ in Meerbusch
- Demichef bei „Mövenpick“ in Düsseldorf
- Demichef, Chef de Partie, Chef Gardemanger im „Swissotel“ in Neuss
- Verkaufsleiter (Vertrieb) bei der Firma „Rational“ in Landsberg am Lech

Heute
- Key-Account-Manager bei der Firma „Schulte + Sohn“ in Mönchengladbach

Besondere Qualifikationen
- Erwerb der Ausbilder-Eignungs-Verordnung bei der IHK
- Besuch der Meisterschule mit Abschluss
- Weiterbildung an der Deutschen Angestellten-Akademie Trier zum Betriebsassistent Gastronomie

Mehr über den Autor erfahren Sie auf seiner Homepage:
www.wolfgang-kohlhepp.de

Wenn Sie dem Autor schreiben wollen, hier seine E-Mail-Adresse:
info@wolfgang-kohlhepp.de

oder über
Wolfgang-Kohlhepp-Fan-Club
Postfach 1321, 47854 Willich

Register

KOCHDUELL

Die schnellste Kochshow der Welt

Die Lieblingsrezepte der Köche

„Was ich zum Kochen immer brauche, sind frische Kräuter, Obst und Gemüse" ist die Devise von Susanne Vössing – und damit zaubert sie wahrhaft köstliche und außergewöhnliche Gerichte, die französische Raffinesse und ihre Liebe zum Einfachen verbinden. Für dieses Buch stellte sie die pfiffigsten Rezepte zusammen, die leicht zu verwirklichen sind – Köstlichkeiten mit Charme und Fantasie für jede Jahreszeit:

- *Exquisite Suppen*
- *Frische Fischgerichte*
- *Köstliche Rezepte mit Meeresfrüchten*
- *Geschmackvolles Geflügel und feines Fleisch*
- *Süße Leckereien*

Susanne Vössing Kochduell – Raffinierte Kräuter- und Gemüse-Rezepte
96 Seiten, zahlr. farb. Abb., geb. DM 19,90/öS 145,-/sFr 19,-, ISBN 3-8025-1405-X

Mit wertvollen Tipps und Tricks aus der Profiküche

Kaum zu glauben, was man aus den tollen Knollen alles zaubern kann! Der Kartoffelküche sind einfach keine Grenzen gesetzt: erlesen oder bodenständig, gesund und köstlich, schnell zubereitet, auch für kleines Geld. Kartoffelkönig Carsten Dohrs hat für dieses Buch seine Lieblingsrezepte preisgegeben:

- *Raffinierte Vorspeisen und Suppen*
- *Köstliche Kleinigkeiten für zwischendurch*
- *Herzliche Hauptgerichte*
- *Besondere Beilagen*
- *Pfiffiges Fingerfood*
- *Delikate Desserts*

Carsten Dohrs Kochduell – Pfiffige Kartoffel-Rezepte
96 Seiten, zahlr. farb. Abb., geb. DM 19,90/öS 145,-/sFr 19,-, ISBN 3-8025-1406-8

Das Profiwissen der Weinexperten

Der Genuss eines köstlichen Mahls wird erst vollkommen durch den richtigen Wein. Aber wer kann da schon immer die richtige Entscheidung treffen? Hier erfahren Sie endlich alles, was Sie immer schon über Wein wissen wollten, aber nie zu fragen wagten. Die Kochduell-Weinprofis geben Ihnen Antworten auf alle Fragen wie

- *Welcher Wein passt zu welchem Essen?*
- *Welche Temperatur sollte roter, Rosé oder weißer Wein haben?*
- *Welcher Wein sollte schon vor dem Essen geöffnet werden, damit er sein Bukett optimal entfalten kann?*
- *Wie lagere ich meinen Weinvorrat am besten?*
- *Wieviel muss und darf der richtige Wein wirklich kosten?*

Christina Fischer/Hendrik Thoma Kochduell – Das Weinbuch
96 Seiten, zahlr. farb. Abb., geb. DM 19,90/ öS 145,-/ sFr 19,-, ISBN 3-8025-1404-1